Die Position von Atlantis kodiert durch die ägyptischen Pyramiden und der Sphinx

Eine Entdeckung von Dr. Michael Hoffmann gemacht am 16.04.2018

beschrieben hier in diesem kleinen Buch.

Sollten sie von den folgenden Seiten gelangweilt sein, oder ihnen fallen Haare in der Suppe auf, oder ihnen gefällt eine Herleitung nicht, weil sie ihrer Meinung nach falsch ist ... um es vorweg zu nehmen:

<u>Das ist mir absolut gleichgültig.</u>

Beachten Sie auch bitte: Ich stehe hier nicht vor Gericht. Das was in diesem kleinen Buch beschrieben wird, ist meine ganz persönliche Meinung. Dankeschön.

Die Position von Atlantis kodiert durch die ägyptischen Pyramiden und der Sphinx

Vor etwa 10.000 Jahren lag der Meeresspiegel aufgrund der Eiszeit weltweit knapp 120 Meter niedriger als heute, weil sehr viel Wasser als Eis fixiert war.

Diese alten Küstenverläufe sind auf den Satellitenbildern unter Google Maps als hellblaue Bereiche zu erkennen (**Abb.1**).

Abb.1: Alte Küstenverläufe sind als hellblaue (hier hellgraue) Bereiche zu erkennen, und auch Inselgruppen lassen sich so identifizieren.

Im nördlichen atlantischen Ozean befinden sich zahlreiche Areale, die zur damaligen Zeit nicht unter Wasser gelegen haben müssen, und eine Art Archipel bildeten. Auch diese sind als hellblau erscheinende Gebiete zu identifizieren.

Besonders auffällig bei dieser Betrachtung ist ein kleiner Bereich leicht südlich der Azoren gelegen, auf dem Breitengrad 29°58′ N.

Auffällig ist dieser Bereich deshalb, da eine wohl ehemalige Insel mit Leichtigkeit ein gleichseitiges Dreieck nachzeichnen lässt (**Abb.2**).

Die Wahrscheinlichkeit, dass solch ein Objekt natürlichen Ursprungs ist, ist bei drei exakt geraden Linien, die ein Objekt formen, nahezu gleich null. Solche Objekte können nur von Menschen erstellt worden sein. Zudem ist die Oberfläche von diesem Objekt offensichtlich absolut ebenmäßig.

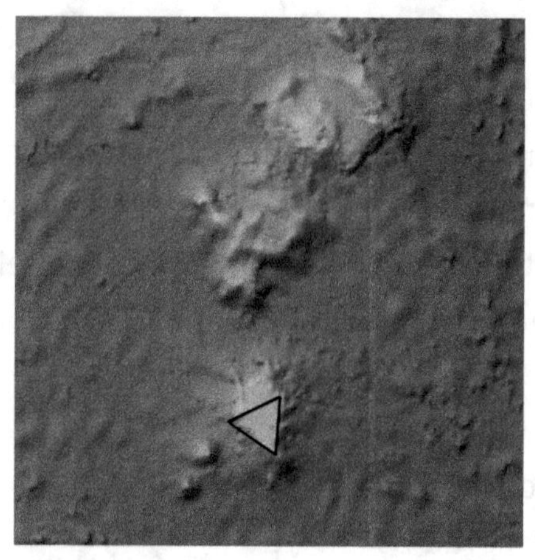

Abb.2: Spitz zulaufende gerade Linienführungen, die sich zu einem Dreieck, gleichseitig, kombinieren lassen.

In diesem Bereich insgesamt befinden sich nach Osten zahlreiche parallel verlaufende und auch anders geordnete Linien, sowie regelmäßig verlaufende Erhebungen, welche sich offensichtlich von einem Zentrum aus wegbewegen.

Am Auffälligsten erscheint in diesem Areal jedoch die insgesamt kreisförmige Anordnung, bzw. die leichte Möglichkeit, suggestiv einen Kreis einzeichnen zu dürfen (**Abb.3**).

Im exakten Zentrum des Kreises befindet sich eine Erhebung, die von so merkwürdiger Gestalt ist, dass sie ebenso konstruiert worden sein muss.

Ebenso innerhalb dieses Kreises befindet sich im nordöstlichen Bereich eine weitere kreisförmige Konstruktion.

Somit hat man es hier mit insgesamt mindestens drei geometrischen Mustern zu tun, wo die Wahrscheinlichkeit von natürlicher Begebenheit oder eben zufälliger Entstehung und suggestiver Einbildung sehr gering sein muss.

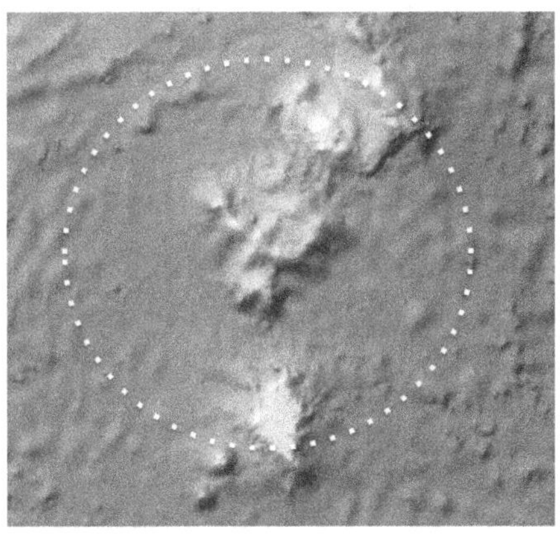

Abb.3: Geometrische Muster, und ein ehemaliger Deich?

Jedenfalls, dieser äußere Kreis hat in etwa einen Durchmesser von 299 km, was 1000 Djeser (eine alte ägyptische Längeneinheit) entspricht.

Im Zentrum befindet sich jenes Gebilde, was eher aussieht als ob es erschaffen worden ist. Es gleicht einem mir nicht bekannten Zeichen. Ich bin mir allerdings sicher, dass es ein Zeichen ist, welches irgendwo zu finden sein muss.

Das Alleine wäre für den ein oder anderen bereits eine Grundlage zu sagen: Ja, da könnte etwas sein, was tatsächlich von Menschen konstruiert worden ist.

Und das muss passiert sein, bevor der Meeresspiegel angestiegen ist, also spätestens so um plus minus 10000 v.Chr. Aber es kommt noch mehr:

Hierfür wagen wir einen Sprung von diesem Areal weit in Richtung Osten: Nach Gizeh in Ägypten (**Abb.4**).

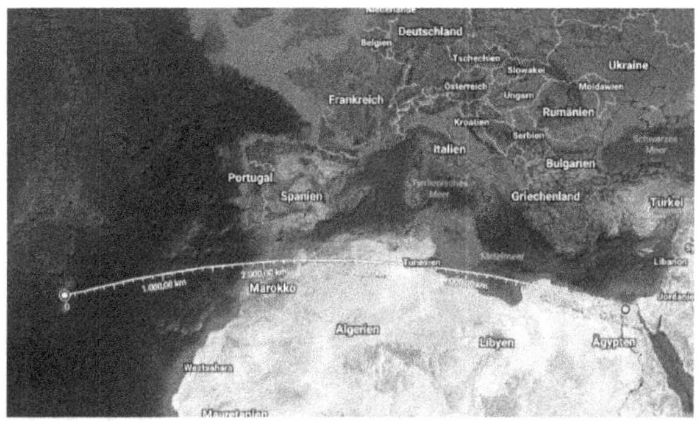

Abb.4: Der Sphinx in Gizeh ist ca. 5638 km von der kreisförmigen Konstruktion entfernt.

Der große Sphinx in Gizeh blickt in Richtung Osten, aber womöglich stammt er jedoch aus dem Westen, weil die Pyramiden westlich hinter ihm liegen.

Ein Sphinx an sich ist stets eine Gestalt, die Rätsel beinhaltet, welche es zu lösen gilt, und welches auch gelöst werden kann.

Übersetzt bedeutet Sphinx heutzutage "*das, was das Leben empfängt*". Der Name liefert bereits einen Hinweis für die Lösung des Rätsels.

Dieser große Sphinx liegt exakt ausgerichtet auf einer geraden Linie zum

Breitengrad 29°58′ N, den ich oben bereits erwähnt habe.

Man darf natürlich annehmen, dass die Positionierung des Sphinx nicht zufällig ist. Wieso haben sich die alten Ägypter bei der Erbauung des Sphinx, was so ungefähr 2500 v.Chr. passiert sein muss, genau für diesen Breitengrad entschieden?

Es ist so: Folgt man nun diesem Breitengrad vom Sphinx aus in Richtung Westen, also von wo der Sphinx stammt, stößt man zunächst und unmittelbar auf die mittlere Pyramide (Chephren), und dann im weiteren Verlauf auf die heutige Westküste Afrikas.

Des Rätsels Lösung dieser Sphinx liegt natürlich in der nicht zufälligen Orientierung (=Breitengrad mit Blick nach Osten, Herkunft also Westen), sowie in ihren Ausmaßen:

Die Sphinx besitzt insgesamt 20 Zehen bzw. Finger, und die dazu gehörige Maßeinheit der alten Ägypter lautet Remen. Hier möchte ich auf Wikipedia verweisen, wo eine nette Übersicht über alte Maßeinheiten der Ägypter aufgelistet zu finden ist.

Die Maße des Sphinx betragen 27,5 Remen Länge und 7,5 Remen Höhe. Das entspricht in Metern 73,5 m Länge und 20,2 m Höhe.

Multipliziert miteinander ergeben die Maße der Sphinx 207 Remen, was entsprechend 1470 Meter sind. Länge und Höhe sind neben der Orientierung bzw. Ausrichtung und Positionierung die Maße, die sorgfältig von den Erbauern ausgewählt worden sind.

Mit diesem Wissen ausgestattet gehen wir nun zurück zur Westküste Afrikas, also zu dem Punkt an den man gelangt, wenn man dem Breitengrad der Sphinx in Richtung Westen gefolgt ist.

Hier kommt der Name des Sphinx ins Spiel. Er bedeutet, dass er irgendwie das Leben gegeben hat.

Wir stehen also nun an der Westküste Afrikas mit Blick auf den Atlantik.

Es ist nun gedanklich kein Zauberstück anzunehmen, dass eben genau diese Küste hier an diesem Punkt "das Leben gegeben" hat.

Also muss der Ursprung des Sphinx weiter westlich liegen, also dort wo heutzutage Wasser, der Atlantik, liegt.

Wandert man nun von diesem Punkt, der das Leben gegeben hat, von der Küste den Breitengrad 1470 Kilometer entlang, oder entsprechend drei Mal (weil es sind drei Pyramiden) 207 Remen in Richtung Atlantik ... wo gelangt man da wohl hin?

Nun ich mache es kurz: Man stößt ziemlich exakt auf den Kreis der oben erwähnte versunkenen Inselgruppe (**Abb.5**).

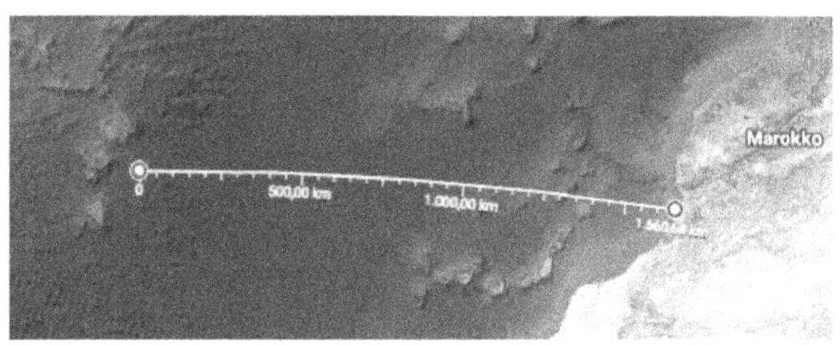

Abb.5: Es mag Zufall sein, dass man von der Sphinx aus genau zu dieser Inselgruppe findet, ohne großartig etwas Konstruieren zu müssen. Oder auch nicht.

Um es festzuhalten, oder um es andersherum zu erzählen: Der Sphinx bedeutet uns mit seiner Position und Orientierung, dass wir seinem Breitengrad folgen sollen.

Wenn wir das tun, gelangen wir an eine Küste, übersetzt das rettende Ufer, was der Sphinx ist.

Verwenden wir nun den Sphinx an sich und legen seine Maße zu Grunde, landen wir bei einer im Atlantik versunkenen Konstruktion, die wie eine ehemalige große Stadt aussehen mag.

Könnte man an dieser Stelle denn nun annehmen, dass von eben dieser Position, zu der uns die Sphinx mit

11

Leichtigkeit leiten kann, das Volk stammt, welches den Sphinx erbaut hat um an ihre Herkunft zu gedenken?

Wieso sonst sollte der Sphinx uns durch seine exakte Orientierung, Positionierung und Maße dort genau zu diesem Punkt geleitet haben, wenn eben exakt da nicht etwas wichtiges liegen soll?

Dieser Herleitung folgend muss es ja so gewesen sein, dass eine Art Sintflut, nicht zufällig überliefert von eben jenem Platon, um ca. 10.000 v. Chr. diese Stadt, also eine Heimat, zerstört hat.

Das trifft ja zweifelsohne zu, denn der Meeresspiegel lag damals etwa 120 Meter tiefer, und heutzutage sind all jene Inseln unter Wasser.

Eine solche Katastrophe, wie eine Überflutung, kann bedeuten, dass sich einige oder viele Menschen haben retten können.

Das kann nur mit Booten geschehen sein, wodurch das rettende Ufer (das, was Leben gab = Sphinx) erreicht werden konnte, also die Westküste Afrikas.

Im übrigen, vor den Pyramiden befinden sich die Bootsgruben, wo es an Erklärungsmöglichkeiten nicht mangelt, jedoch gerade in diesem Zusammenhang wesentlich einleuchtender erscheinten muss, wofür sie gedacht sind.

In der bildlichen Nacherzählung der Zerstörung ihrer Heimat wurden soviele Details eingebaut, wie nötig ist, um die Geschichte zu verstehen: Die Rettung durch Boote, zum rettenden Ufer, welches das Überleben sicherte.

Für den letzten Skeptiker, von denen es sicherlich mehr gibt als jene Menschen, die sich faszinieren lassen, muss das folgende Argument doch einleuchten:

Denn nicht zuletzt muss man sich an die einzige glaubhafte Quelle halten, welche Atlantis und seine Lokalisation beschreibt.

Wenn Platon in seinem Bericht Atlantis als etwas beschreibt, was sich "jenseits der Säulen des Atlas" befindet, dann tut es das auch.

Die Säulen des Atlas liegen gerade einmal ca. 2156 km von der kreisförmigen versunkenen Stadt entfernt (**Abb.6**).

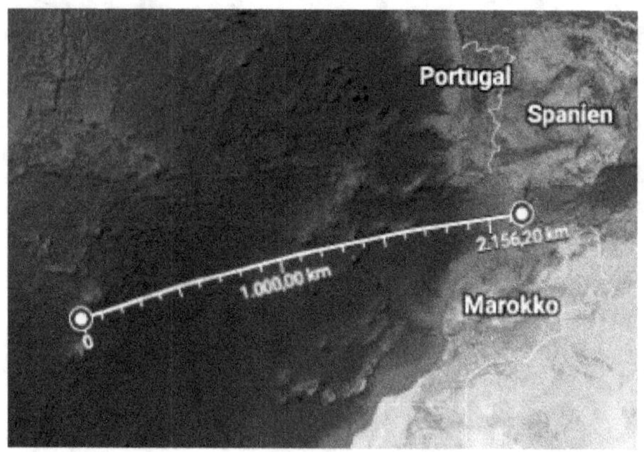

Abb.6: Der Abstand von den Säulen des Atlas zu der kreisförmigen versunkenen Stadt liegt bei ca. 2156 km.

Zählt man das Archipel hinzu, welches zu der damaligen Zeit eben dort existiert haben muss (vgl. **Abb.1**), ist der Abstand sogar noch viel kürzer und liegt somit quasi vor der Haustür.

Und Atlantis kann aufgrund Platons Beschreibung nicht vor Mexiko, Brasilien oder noch weiter entfernt liegen. Weil wer meint bei einer Beschreibung eines

Bäckers auf der anderen Straßenseite "der ist gleich da drüben" einen Ort, der in einer anderen Stadt liegt?

Insofern müsste doch hier bereits und endlich jeder Skeptiker einräumen, dass Atlantis jenseits der Säulen liegen muss (!).

Der Skeptiker jedoch lamentiert lieber und Argumentiert fadenscheinig:

"Ja, weil Atlantis ist ein Mythos, blablabla, gibt es ja gar nicht, Platon erzählt Geschichten oder Metaphern" - und deswegen liegt Atlantis ja vor Kreta oder in der Antarktis.

Der gesunde Menschenverstand kann doch nicht in solcher Weise komplett aussetzen. Um es vorweg zu nehmen: Ich bringe noch mehr.

Zusammenfassend nun aus meinen hier angebrachten und ziemlich einleuchtenden Ausführungen möchte ich daher festhalten:

1) Im nördlichen Atlantik, südlich der Azoren, liegen die Überreste einer kreisförmig angeordneten Stadt. Das ist ein Hinweis auf Atlantis.

2) Diese Stadt lag um ca. 10.000 v. Chr. noch über Wasser, und war deswegen bewohnt, weil sich solche geometrische Verläufe nur durch Menschenhand erklären lassen.

3) Diese Stadt liegt unweit der Säulen des Atlas, also jener Ortsangabe, die von Platon als Lokalisation von Atlantis festgehalten ist.

4) Nicht zufällig befindet sich diese ehemalige Stadt auf dem exakten Breitengrad der großen Sphinx, welche übersetzt und interpretiert ein rettendes Ufer darstellen darf.

5) Die Erzählungen über Atlantis stammen aus dem alten Ägypten, und das eben nicht zufällig.

Somit kann und darf der gesamte Pyramidenkomplex der alten Ägypter als ein gigantischer Nachbau der Geographie und Kultur von Atlantis interpretiert werden, welcher die Geschichte des Untergangs sowie der Rettung erzählt und für alle Zeiten festhält.

Die drei Pyramiden symbolisieren dabei, so darf angenommen werden, drei Volksgruppen, oder aber drei der bewohnten bergigen Parzellen des Inselstaates.

Diese Menschen konnten bei der Katastrophe an das rettende Ufer gelangen, die Westküste Afrikas. Das erklärt mit

Leichtigkeit die vorhandenen Bootsgruben östlich der Pyramiden.

Vollkommen neu und spektakulär an dieser Herleitung ist, dass die ägyptische Kultur offensichtlich etwas mit der atlantischen Kultur direkt und unmittelbar zu tun hat.

Ob sie davon abstammt, sei für den ein oder anderen immer noch dahin gestellt.

Jedoch, alleine die Aufarbeitung sowie die Darstellung als gigantische Pyramiden, eine Inszenierung, ein Theater, ein Drama, muss eine sehr enge Beziehung zu Atlantis vorraussetzen, die eigentlich nur durch eine direkte Abstammung zu erklären ist.

Ich bin mir dabei ziemlich sicher, dass es noch wesentlich mehr direkte Übertragungen aus der Anordnung und den Maßen der Pyramiden auf Atlantis möglich und vorhanden sind.

Nun, man darf sich natürlich die Frage stellen, was genau ist dort in Atlantis geschenen, aber man kann sich ebenso die Frage stellen, was haben die Menschen dort gemacht.

Und um die zweite Frage zu beantworten, und um ihnen dazulegen, was Atlantis überhaupt ist, möchte ich ihnen etwas unglaubliches zeigen.

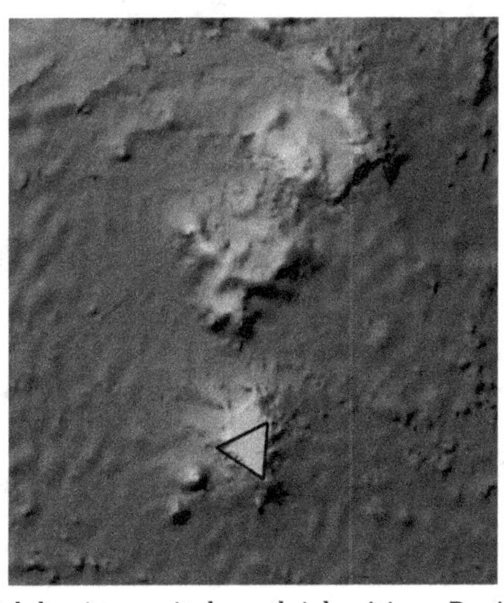

Abb.7: Ich beginne mit dem gleichseitigen Dreieck.

Wie gezeigt befindet sich innerhalb von Atlantis ein gleichseitiges Dreieck

(**Abb.7**). Die rechte Seite dieses Dreiecks kann durch eine Gerade verlängert werden in Richtung der anderen Gebilde (**Abb.8**). Die Seitenlängen des gleichseitigen Dreiecks betragen jeweils 14 Einheiten.

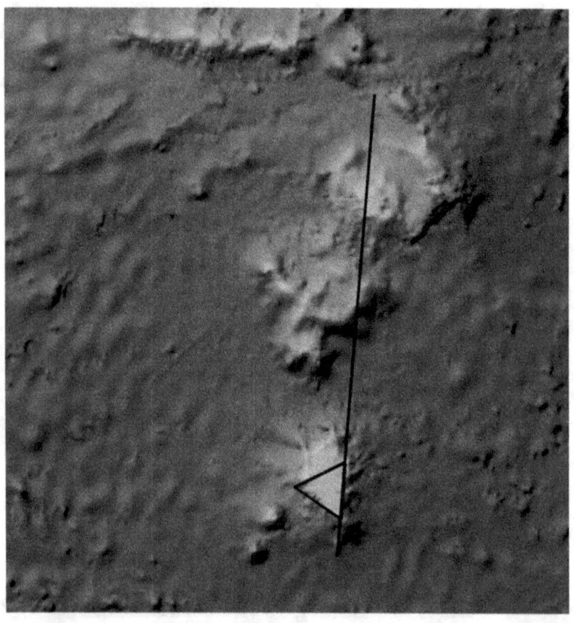

Abb.8: Eine simple Gerade wird durch die rechte Seite des Dreiecks in Richtung der anderen Gebilde gezogen.

Bei der 4-fachen Seitenlänge wird ein Dreieck gesetzt, was die exakte Größe und Ausrichtung besitzt wie das Dreieck unten (**Abb.9**).

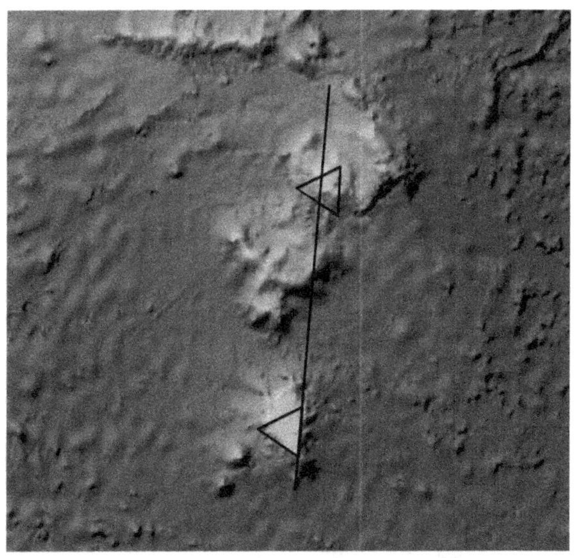

Abb.9: Bei der 4-fachen Seitenlänge wird exakt positioniert ein identisches Dreieck gesetzt. Die Gerade verläuft durch den Lotpunkt der unteren Seite des Dreiecks.

Die Gerade verläuft durch den Lotpunkt, durch den die Höhe des zweiten Dreiecks gezeichnet werden kann. Die Höhe beträgt in diesem Fall 12,12

Einheiten, und definiert den Radius des kleinen Kreises (**Abb.10**).

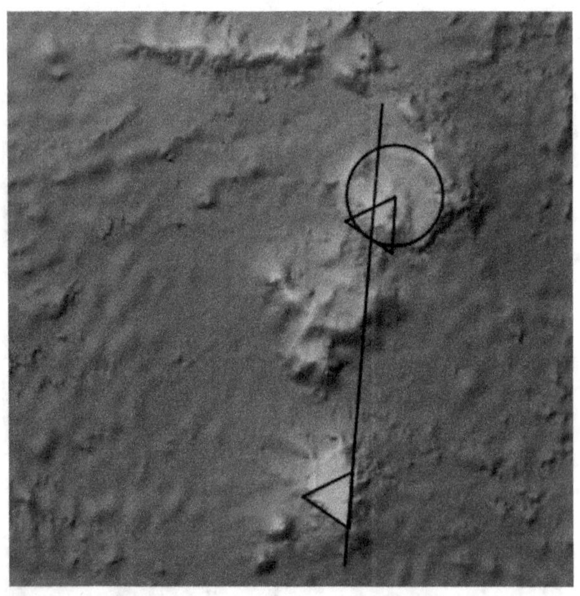

Abb.10: Die Höhe des zweiten Dreiecks definiert den Radius des kleinen Kreises.

Jetzt haben wir bereits zwei der geometrischen Figuren in Atlantis in Bezug gesetzt und wissen, wieso das kleine Dreieck unten existiert: Es ist der Ausgangspunkt für die Rekonstruktion dessen, was Atlantis ist.

Wir ziehen nun durch den Lotpunkt des zweiten Dreiecks und den Mittelpunkt des kleinen Kreises eine Gerade und an deren 2-facher Verlängerung plazieren wir ein letztes identisches Dreieck (**Abb.11**).

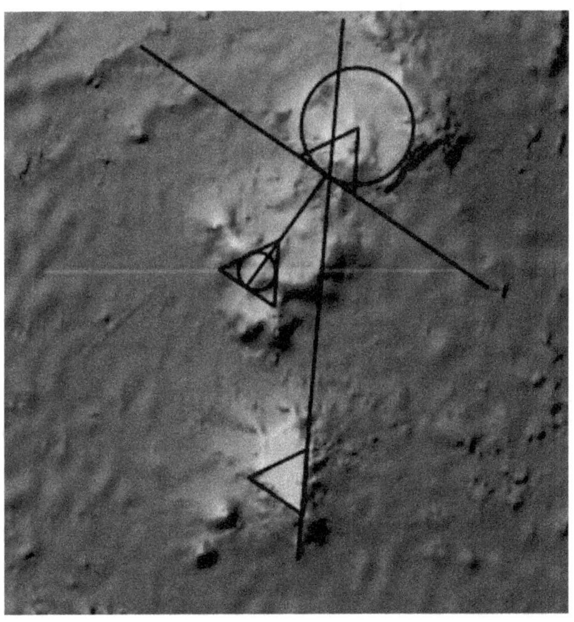

Abb.11: Ein drittes identisches Dreieck wird durch die 2-fache Verlängerung, also 28 Einheiten, in Richtung Zentrum gezeichnet.

Am zweiten Dreieck, und das ist natürlich kein Zufall, kann die untere Seite zur Tangente gezeichnet werden. Man beachte, das zweite Dreieck ist in Ausrichtung und Größe eine exakte Kopie desjenigen Dreiecks, welches dort auf dem Meeresboden zu erkennen ist.

Ich denke mir hier nichts aus, es ist alles dort zu sehen: Das untere Dreieck, der kleine Kreis, und das Zentrum von dieser gesamten Anlage.

In das dritte Dreieck wird der Innenkreis eingezeichnet. In Ost-West Richtung exakt verlaufender Linie kann durch den Mittelpunkt in Richtung der Tangente des kleinen Kreises eine Gerade gezeichnet werden (alles **Abb.11**).

Verblüffend, wieviel Geometrie dort enthalten ist, aber machen wir weiter, denn es wird sehr spannend.

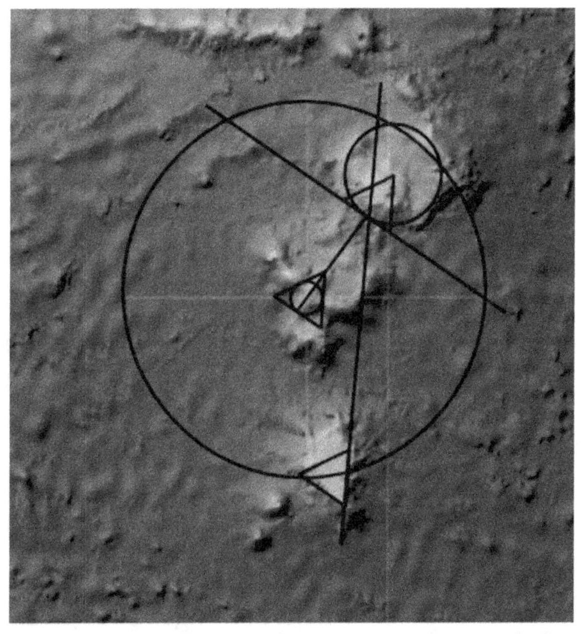

Abb.12: Der Schnittpunkt von Tangente und der exakt zur Ost-West-Achse verlaufenden Linie durch den Mittelpunkt des Innenkreises definiert den Radius des großen Kreises.

Der Schnittpunkt von der Tangente und der Linie durch den Mittelpunkt des Innenkreises, welcher gleichzeitig der Mittelpunkt von Atlantis ist, definiert den Radius des großen äußeren Kreises (**Abb.12**).

Soweit zur Geometrie von Atlantis. Gibt es an dieser Stelle eigentlich noch jemanden, der immer noch Zweifel hat, dass solche geometrischen Darstellungen kein Zufall sind? Oder fantastische Einbildungen des Autors?

Sicherlich wird der Skeptiker jetzt genau das Fragen, weil er immer noch nicht genug bekommen hat: "Und was soll das Ganze? Da ist ein großer Kreis auf dem Meeresboden, na und?".

Ja gut, der Skeptiker hat Recht. Deswegen kriegt er jetzt das hier: Ich zeichne eine zweite Tangente ein, die verläuft erneut nicht zufällig entlang der unteren Seite des dritten Dreiecks (**Abb.13**).

Ich zeichne auch drei Punkte ein, welche an den Schnittpunkten der beiden Tangenten mit dem äußeren Kreis entstehen, sowie am unteren Dreieck dort, wo dieses den hier konstruierten äußeren Kreis schneidet exakt dort, wo die Herleitung begonnen hat.

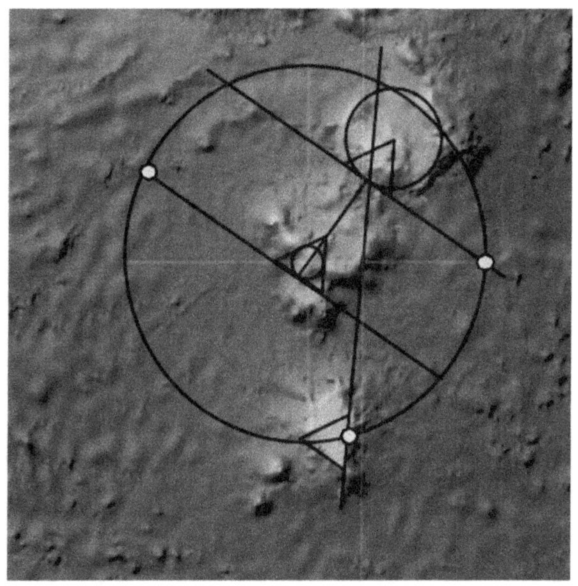

Abb.13: Drei Schnittpunkte werden an den Schnittpunkten zum äußeren Kreis eingezeichnet.

Lassen sie dieses Bild noch einige Momente auf sich wirken, und während dieser Zeit machen wir einen kleinen Ausflug in die unendlichen Weiten des Weltraums.

Wir blicken dabei in Richtung Norden, natürlich nach Norden! Wir entdecken dort, zu einer bestimmten Jahreszeit, das folgende Bild (**Abb.14**).

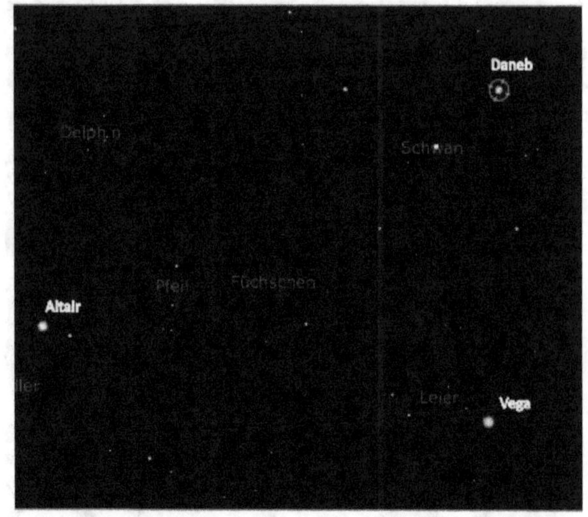

Abb.14: Das sogenannte Sommer-Dreieck ist kein Sternbild, sondern eine Konstellation aus den drei hellen Sternen Vega, Altair und Daneb.

Sieht in echt natürlich schöner aus. Es handelt sich bei den hellen Sternen dort um eine Konstellation, und kein Sternbild, da diese hellen Sterne bereits zu verschiedenen Sternbildern gehören.

Aber wussten Sie eigentlich, dass diese drei Hauptsterne des Sommer-Dreiecks Vega, Alstair und Daneb, allesamt auf einen Kreis liegen? Nein? Hier bitte (**Abb.15**):

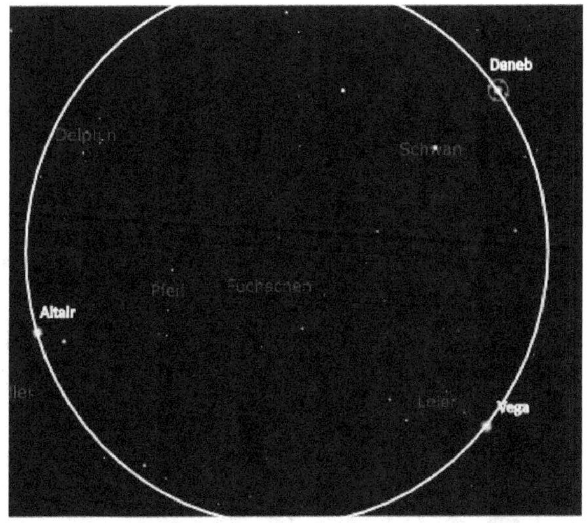

Abb.15: Verblüffend, oder? Das ist vermutlich noch niemandem so aufgefallen, also Glückwunsch.

Jetzt betrachten sie doch noch einmal Atlantis, und die dort eingezeichneten Punkte. Fällt ihnen bereits etwas auf?

Wenn man die Schnittpunkte des äußeren Kreises nun etwas dreht, und den Maßstab anpasst, passiert das hier (**Abb.16**).

Wieso drehen? Weil die Konstellation in Abb.15 das aktuelle Datum (31.05.2018) zeigt. Atlantis weist auf ein anderes Datum hin.

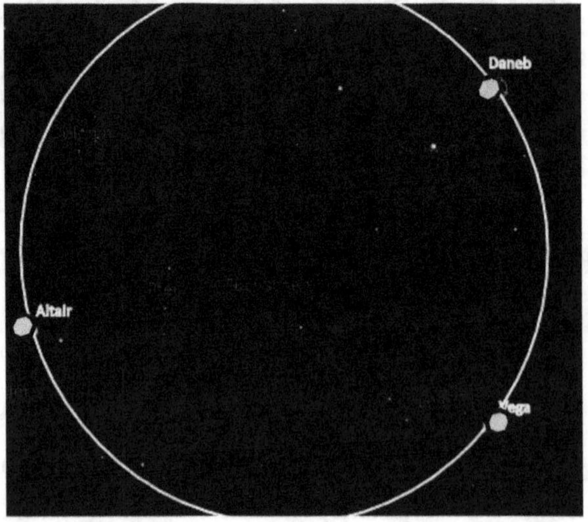

Abb.16: Die Positionen der Sterne des Sommerdreiecks untereinander liegen exakt (!) auf dem Meeresboden verankert.

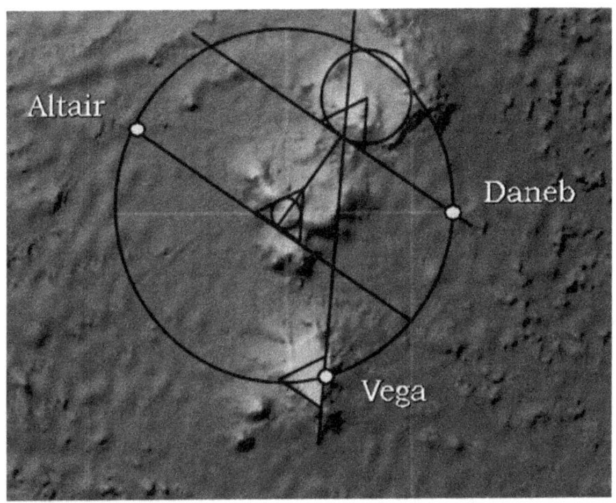

Abb.17: Die Positionierung der drei Hauptsterne in Atlantis weisen auf ein bestimmtes Datum hin. Nur welches?

Zunächst darf man fragen, wieso ist ausgerechnet das Sommer-Dreieck in Atlantis zu finden. Nun, es ist ein wichtiges Bild am Himmel, welches zur Navigation verwendet worden ist.

Unter der Annahme, dass die Bewohner von Atlantis Seefahrer waren erscheint es plausibel, dass sie ihr wichtigstes Navigations-Utensil verewigen wollten.

Das ist natürlich Quatsch. Aber diese Darstellung hat vermutlich eher den folgenden Grund:

Da sich die Sterne untereinander in ihrer Position stets identisch verhalten reicht es aus, einen Stern zu betrachten um zu wissen, was alle anderen gerade machen.

Die Position von Altair definiert somit wie gezeigt die Position der beiden anderen Sterne.

Ich könnte mir vorstellen, dass Altair zu einer bestimmten Jahreszeit an einer bestimmten Position steht, die wichtig ist, wie beispielsweise der Sommersonnenwende.

Jahreszeiten werden durch den Sonnenuntergang definiert. Wenn die Sonne nun dort untergeht, wo die Position von Altair in Atlantis ist, dann ist mit Sicherheit ein wichtiges Ereignis im Kalender.

Somit wäre Atlantis ein gigantisches Stonehenge, ein riesiger Kalender, erschaffen irgendwann 10.000 v. Chr.

Nicht zufällig steht Altair in Atlantis an der Position 28° zur Ost-West-Achse des großen Kreises. Wieso? Weil die Sonne zur Sommersonnenwende entlang solch einer Achse immer im Winkel 28° untergeht.

Ich möchte meine Ausführungen nun schließen und hoffe, es hat ihnen gefallen. Jedenfalls finde ich das ist die großartigste Geschichte, die ich jemals gehört habe. Ist es eine Geschichte, oder ist es Geschichte?

Es ist von hier ab ein leichtes, alleine weiter zu machen, und die entstandenen Fragen zu beantworten: Zu welcher Zeit geht die Sonne dort unter, wo Altair exakt dort am Himmel steht?

Wann muss Atlantis entstanden sein? Gibt es weitere Hinweise, wo diese Hochkultur sonst noch gewesen sein muss?

Ich jedenfalls bin begeistert, und werde in naher Zukunft einige der offenen Fragen gerne lösen wollen.

Der Verfasser
Dr. Michael Hoffmann

Hinweise:

Die Karten in diesem Buch sind freundlicherweise von Google zur Verfügung gestellt worden, und unterliegen einem Copyright.

Die restliche Herleitung bedarf keiner Quellenangabe, weil sie Allgemeingut darstellt, und ansonsten von mir aus logischen Herleitungen erstellt worden ist.

Auszüge, bzw. Vorversionen dieses kleinen Buches hatte ich an die Deutsche Gesellschaft für Ur- und Frühgeschichte e.V. versendet, sowie im Ärchaologie Forum Online zur Diskussion freigegeben.

Außerdem habe ich entsprechend bei der Fachzeitschrift Archäologie in Deutschland ebenso eine Vorversion versendet.

Sinn und Zweck dieser Aktionen war es, auf den Fund aufmerksam zu machen und auszuschließen, dass es sich dabei um bereits bekannte Objekte handelt.
Soweit ich das an dieser Stelle nun sagen darf: Diese Entdeckung ist unglaublich geil.

Über den Autor:

Dr. Michael Hoffmann ist am 30.08.1973 in Düsseldorf geboren. Er hat Biologie studiert, promoviert, und an der universitären Kinderklinik an speziellen Stoffwechsel-Erkrankungen forschen können.

Ab dem Jahr 2013 musste er seine wissenschaftliche Karriere aus privaten Gründen einfrieren. Seitdem veröffentlicht er aus Spass hin und wieder Romane, kleinere Büchlein aber auch wissenschaftliche Abhandlungen.

Wichtig ist auch an diesem Büchlein: Nicht alles zu ernst nehmen! Es ist locker geschrieben, es soll sich locker lesen. Sicherlich existieren millionen Besserwisser, und jeder hat sein Atlantis bereits entdeckt.

Wie dem auch sei, einen kleinen Überblick über den Autor kann man auf seiner Internetpräsenz erhalten:

www.michaelhoffmann.org

www.ingramcontent.com/pod-product-compliance
Lightning Source LLC
Chambersburg PA
CBHW070232260726
48658CB00006BA/2285